CUADERNO DE ACTIVIDADES

ÉPOCAS

CURSO DE CIVILIZACIÓN DE ESPAÑA

HISTORIA, ARTE Y LITERATURA

SEBASTIÁN QUESADA MARCO

GRUPO DIDASCALIA, S.A.

Primera edición: 2017

© Edelsa Grupo Didascalia, S.A. Madrid, 2017.

Autor: Sebastián Quesada Marco.
Dirección y coordinación editorial: Departamento de Edición de Edelsa.
Diseño de cubierta: Departamento de Imagen de Edelsa.
Diseño y maquetación de interior: Lidia Muñoz Martín.

ISBN: 978-84-9081-806-0
Depósito Legal: M-31508-2017
Impreso en España / Printed in Spain

Fotografías: 123 RF
Departamento de Cartografía de Anaya

NOTAS:
- Las normas ortográficas seguidas en este libro son las establecidas por la Real Academia Española en su última edición de la *Ortografía*.
- La editorial Edelsa ha solicitado los permisos de reproducción correspondientes y da las gracias a todas aquellas personas e instituciones que han prestado su colaboración.
- Las imágenes y documentos no consignados más arriba pertenecen al Departamento de Imagen de Edelsa.
- Cualquier forma de reproducción de esta obra solo puede ser realizada con la autorización de la editorial, salvo excepción prevista por la ley. Diríjase a CEDRO (Centro Español de Derechos Reprográficos, www.cedro.org) si necesita fotocopiar o escanear algún fragmento de esta obra.

ÍNDICE
ÉPOCAS DE ESPAÑA — CUADERNO DE ACTIVIDADES

1 IMÁGENES DE ESPAÑA
LA REALIDAD ACTUAL Pág. 4

2 HISPANIA
IBERIA, HISPANIA ROMANA Y AL-ÁNDALUS Pág. 10

3 LAS ESPAÑAS
LA EDAD MEDIA, FUSIÓN DE CULTURAS Pág. 16

4 EL RENACIMIENTO
EL HOMBRE, LA MEDIDA DE TODAS LAS COSAS Pág. 22

5 EL BARROCO
EL ARTE DE LA APARIENCIA Pág. 28

6 LA ILUSTRACIÓN
DEL ANTIGUO RÉGIMEN AL ESTADO MODERNO Pág. 34

7 EL ROMANTICISMO
LAS REVOLUCIONES LIBERALES Y LAS INDEPENDENCIAS Pág. 40

8 LA RESTAURACIÓN
EL REGRESO DE LOS BORBONES Pág. 46

9 LA GUERRA Y LA DICTADURA
UN SIGLO CONVULSO Pág. 52

10 LA TRANSICIÓN DEMOCRÁTICA
EL CAMBIO POLÍTICO DE LA ESPAÑA DE HOY Pág. 58

1 IMÁGENES DE ESPAÑA

01 ANTES DE LEER

A. Anota las palabras que sirven para describir un país.

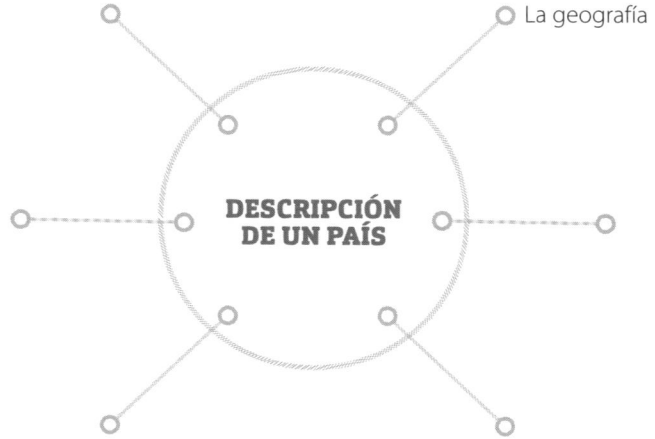

- La geografía
- DESCRIPCIÓN DE UN PAÍS

B. Piensa en los datos más importantes para **describir tu país**: geografía, número de habitantes, regiones o estados federales…

02 MIENTRAS LEES

A. Escribe estos lugares en el mapa.

Islas Baleares • Islas Canarias • Mar Cantábrico • Mar Mediterráneo • Océano Atlántico • Pirineos • Portugal • Tajo

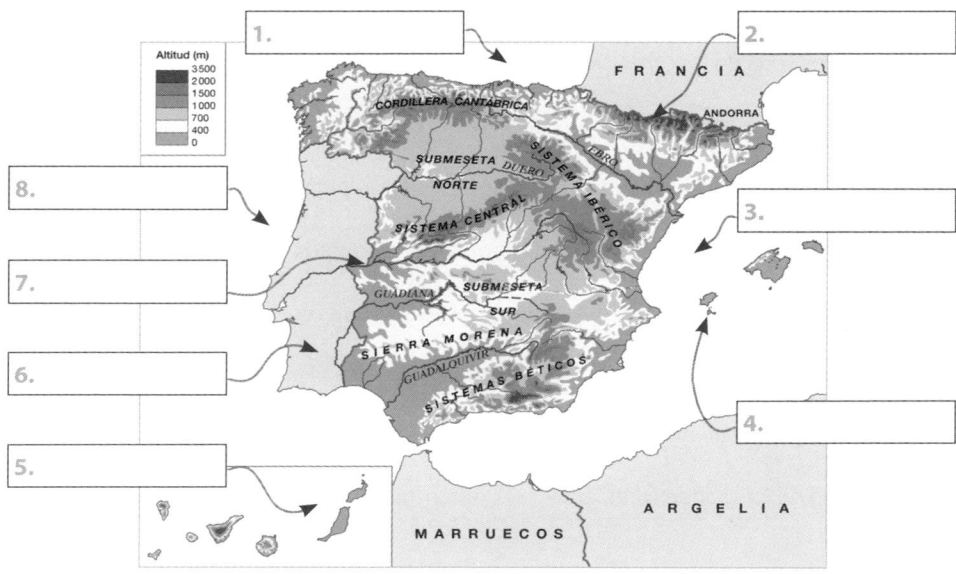

Departamento de Cartografía de Anaya

B. Busca esta información en el texto y responde, **¿verdadero o falso?**

	V	F
1. España ocupa toda la península ibérica.	☐	☐
2. España tiene cuatro tipos de climas diferentes.	☐	☐
3. Las islas Canarias están en el mar Mediterráneo.	☐	☐
4. Es uno de los países donde las mujeres tienen más niños.	☐	☐
5. En los últimos años la población extranjera ha bajado.	☐	☐
6. Una de las actividades económicas más importantes es el turismo.	☐	☐
7. El español y el castellano no son lo mismo.	☐	☐
8. Es uno de los países más centralistas de Europa.	☐	☐
9. El paro afecta más a los jóvenes.	☐	☐
10. Tiene problemas territoriales con el Reino Unido, Marruecos y Portugal.	☐	☐

03 DESPUÉS DE LEER

A. Marca, de los siguientes pares de frases, la que corresponde a la realidad.

1. **a.** A pesar de tener una geografía muy diversa, el clima de España es homogéneo.

   b. España tiene un clima tan diverso como su geografía.

2. **a.** La mayoría de los españoles vive cerca de las costas y en Madrid.

   b. La mayoría de la población vive en el interior, como en Madrid.

3. **a.** Se han adecuado los horarios españoles a los europeos.

   b. Los españoles tienen horarios diferentes a los europeos.

4. **a.** España es una monarquía parlamentaria y es un país muy descentralizado.

   b. España tiene una monarquía centralista, pero con un Parlamento muy activo.

5. **a.** El mayor problema para los españoles es el terrorismo independentista y el yihadista.

   b. Uno de los grandes problemas es el terrorismo.

B. Clasifica estos conceptos.

archipiélago • Constitución • continente • Cortes • densidad de población • escasez de recursos • esperanza de vida • hijos por mujer • isla • istmo • jefe del Estado • matrimonios • monarquía parlamentaria • país exportador • partidos políticos • península • presidente del Gobierno • productividad • río • sectores de ocupación • sufragio universal • tasa de natalidad

Geografía	Economía	Sociedad	Política

C. Responde a las preguntas.

1. ¿Cómo es y cuáles son las causas del clima de la meseta?

2. ¿Es legal el aborto en España?

3. ¿Es legal en España el matrimonio entre personas del mismo sexo?

4. ¿Cuál es la religión mayoritaria en la sociedad española?

5. ¿La población extranjera aumenta o disminuye en España?

6. ¿Tiene algún fundamento histórico el Estado de las comunidades autónomas?

7. ¿Cuál es la función de las Cortes?

8. ¿Quién está al frente del poder ejecutivo en el Estado de las comunidades autónomas y al frente en cada comunidad?

9. ¿Cuántas comunidades autónomas existen? Señala el nombre de diez. ¿Has visitado alguna?

10. ¿Son Ceuta y Melilla comunidades autónomas?

04 AMPLÍA

A. Lee este texto y reflexiona. Luego, **resume** el contenido.

> «El clima de la península se puede concebir como una lucha casi continua entre las influencias atlánticas y mediterráneas; expresado de otro modo, entre el influjo de las depresiones y vientos húmedos que proceden del océano y de la tendencia a la estabilidad característica del mar interior, en particular durante determinados periodos del año. La primera influencia significa (…) una mayor pluviosidad y una más acusada inestabilidad atmosférica; en una palabra, constituye la verdadera promotora de la sucesión de tiempos meteorológicos. Todo lo contrario, con su tendencia hacia la sequía, viene representado por la segunda. En conjunto, y expresado en cifras medias, la ventaja, en buena parte de la península, es para las influencias mediterráneas; incluso, en cuanto al régimen climático, el influjo del este y del sur es periódicamente casi total —con un tiempo seco, cálido y estable—, en concreto a lo largo del periodo estival. Pero, a pesar de ello vale la pena subrayar, desde este momento, la importancia que en determinadas áreas y en ciertos momentos podrá tener la influencia atlántica.
>
> En el aspecto humano los hechos se repiten de una forma parecida, cobrando, claro está, un mayor dinamismo. Por todos lados y por todos los caminos, las más diversas influencias y los más variados pueblos han irrumpido en la península (…). La situación y la posición entre dos mares y entre dos continentes favorecen indudablemente las más variadas relaciones. La existencia de un complejo haz de influencias que del solar ibérico parte o hacia él confluyen le convierten en una verdadera encrucijada (…). La península entonces aparece como un verdadero puente intercontinental, relativamente fácil de atravesar, como un enorme y ancho arco al que, en definitiva, solo le falta una insignificante dovela, la que corresponde al estrecho de Gibraltar».
>
> (De *La península ibérica*, de J. Vilá Valentí, editorial Ariel, Barcelona, 1968)

B. Observa la imagen y **escribe un texto** en el que estén las siguientes palabras.

Comunidades Autónomas • Monarquía parlamentaria • Capital • País

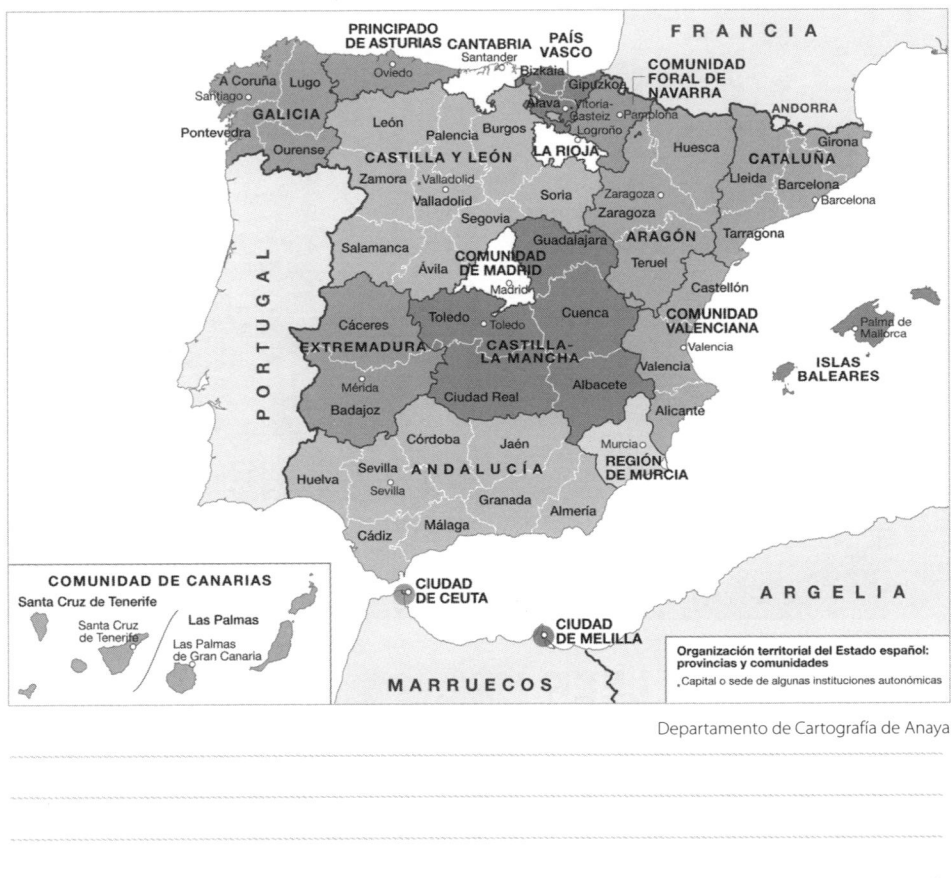

Departamento de Cartografía de Anaya

C. Elige uno de estos temas y **prepara una presentación**.
Tienes que hablar durante 1 minuto. Prepara antes lo que vas a decir.

1. Señala las consecuencias de la crisis de 2007-2008 en el ámbito laboral.

2. Explica las razones por las que España reclama la devolución de Gibraltar.

3. Comenta las causas del desafecto creciente de los españoles por la política y los políticos.

4. Explica las razones por las que la lengua española recibe también el nombre de *castellano*.

2 HISPANIA

01 ANTES DE LEER

A. Anota las palabras e ideas que recuerdas de la prehistoria y de la Edad Antigua.

PREHISTORIA Y EDAD ANTIGUA

B. Piensa en **qué ocurría en tu país** durante la prehistoria y durante la Edad Antigua.

02 MIENTRAS LEES

A. Busca esta información en el texto y responde, **¿verdadero o falso?**

	V	F
1. Las pinturas de Altamira tienen una antigüedad de más de veinte mil años.	☐	☐
2. Tartesos estaba en la desembocadura del río Ebro.	☐	☐
3. Los iberos construían sus casas en lugares de fácil acceso.	☐	☐
4. Los iberos y los celtas eran lo mismo.	☐	☐
5. Los fenicios sustituyeron a los cartagineses o púnicos en la península ibérica.	☐	☐
6. Los romanos sustituyeron el nombre de *Iberia* por el de *Hispania*.	☐	☐
7. Los romanos desembarcaron en Cádiz en el 218 a. C.	☐	☐
8. Los romanos apenas desarrollaron el urbanismo.	☐	☐
9. Los visigodos eran romanos.	☐	☐
10. Llamamos *andalusíes* a los musulmanes de España.	☐	☐

B. Clasifica estas palabras.

acueducto • iberos • Alhambra • arco de medio punto • califato • calzadas • capitel de nido de avispa • celtas • Concilios de Toledo • emirato • Hispania • Iberia • las *Damas* • Paleolítico • pintura rupestre • San Isidoro de Sevilla

Prehistoria	España romana	España visigoda	Al-Ándalus

03 DESPUÉS DE LEER

A. Responde, ¿verdadero o falso?

	V	F
1. En la península ibérica se han encontrado a lo largo de la historia diversos pueblos y culturas.	☐	☐
2. El gran templo del arte prehistórico español es la cueva de Altamira.	☐	☐
3. Las culturas agrícolas aparecen en España a comienzos del año 1200 a. C.	☐	☐
4. En la provincia de Hispania nacieron eminentes romanos, como Lucio Anneo Séneca.	☐	☐
5. La escultura hispanorromana es de rasgos muy realistas.	☐	☐
6. Las vías romanas facilitaron el auge del comercio.	☐	☐
7. Grupos de pueblos germánicos se establecieron en Hispania a comienzos del siglo v.	☐	☐
8. El código visigodo del *Fuero Juzgo* unificó los derechos romano y germánico.	☐	☐

B. Completa las frases con estas palabras.

se vincularon • tardías • procedían • busto • urbana • depositaban • se desarrolló • iberos • idealizado • tamaño • introdujeron

1. Las pinturas prehistóricas de la zona mediterránea son más _____ que las de la zona cantábrica.

2. Tartesos fue una cultura _____ que _____ durante los siglos vii y vi a. C.

3. Los iberos _____ a la historia del Mediterráneo occidental en contacto con fenicios y griegos.

4. Los iberos _____ las cenizas de los cadáveres en túmulos.

5. La *Dama de Elche* es un _____ femenino _____ .

6. Los celtas _____ de la Europa central.

7. Se conservan esculturas celtas de animales de gran _____ .

8. Los celtas _____ la metalurgia del hierro en la península ibérica.

9. Los fenicios llamaron _____ a los pueblos peninsulares.

C. Completa las frases, siguiendo la información que ya sabes, como tú quieras.

1. Muchos pueblos de la península ibérica _____

2. La cueva de Altamira es _____

3. Tartesos fue _____

4. Los iberos eran _____

5. La conquista romana empezó _____

6. Los romanos construyeron _____

7. Los visigodos llegaron a Hispania _____

8. Al-Ándalus fue _____

D. Responde a las preguntas.

1. ¿Crees que existe relación entre los nombres del *río Ebro* y del *pueblo ibero*?

2. ¿Qué relevante suceso histórico tuvo lugar en España en el año 711?

3. ¿Qué significó la autoproclamación de califa por Abderramán III de Córdoba?

4. ¿Crearon los andalusíes estilos artísticos propios?

5. ¿Cómo es el sistema de soportes de la Mezquita de Córdoba?

6. ¿Qué corrientes confluyeron en la música andalusí?

7. ¿Quién fue Averroes?

8. ¿Qué es la Alhambra de Granada?

04 AMPLÍA

A. Lee este texto y reflexiona. Luego, **resume** el contenido.

A comienzos del siglo V los visigodos llegaron a Hispania en calidad de auxiliares del ejército imperial romano. Crearon un reino unitario con capital en Toledo, que tuvo gran importancia histórica, a pesar de su corta existencia: los reyes asturleoneses, los primeros en comenzar la resistencia frente a los andalusíes, la llamada Reconquista, *se autoproclamaron herederos de los visigodos y se propusieron restaurar la unidad de su antiguo reino. Al llegar a Hispania los visigodos ya estaban romanizados y latinizados, razón por la que Hispania continuaría llamándose así en lugar de Gotia. Algunas palabras visigodas, germánicas, permanecen aún en el vocabulario español, entre ellas, por ejemplo,* perro *y* guerra. *Las invasiones de los pueblos germánicos produjeron una intensa crisis. Los habitantes de las ciudades buscaron refugio en el campo, las actividades económicas retrocedieron y la inseguridad se generalizó.*

La administración visigoda fue sustituida a partir del año 711 por la de los musulmanes norteafricanos, que dieron el nombre de al-Ándalus *a su reino, con capital en Córdoba. En la historia política de al-Ándalus se sucedieron varias etapas:*

Emirato dependiente (711-756): al-Ándalus está sometido a la soberanía política y religiosa del califa de Damasco y es gobernado por delegados suyos, los emires.

Emirato independiente (756-929): al-Ándalus se convierte en un emirato autónomo que solo reconoce la jefatura religiosa del califa oriental.

Califato (929-1031): Abderramán III (912-961) se autoproclama califa, «príncipe de los creyentes», y añadió así la independencia religiosa a la política.

Reinos de taifas (1031-1492): al-Ándalus se divide en numerosos y pequeños reinos, los taifas, de los que llegaron a existir veintiséis. En ellos, las artes, las letras y las ciencias conocieron una verdadera edad de oro. En 1492 los Reyes Católicos incorporaron a la Corona de Castilla el último reino islámico en España, el de Granada, y los españoles centraron entonces sus ideales en la conquista y colonización de América, el Nuevo Mundo, que habían descubierto aquel mismo año de 1492.

B. Observa la imagen y **escribe un texto** en el que estén las siguientes palabras.

Musulmanes • Califato • Reinos de taifas

C. Elige uno de estos temas y **prepara una presentación**.
Tienes que hablar durante 2 minutos. Prepara antes lo que vas a decir.

1. Valora lo que significó para la futura España la ocupación por los romanos y, posteriormente, por los musulmanes.

2. Cita diferencias entre las culturas hispanorromana y andalusí.

3. ¿Crees que quedan en España muchos restos de su pasado antiguo y andalusí?

4. ¿Recuerdas cuándo llegó la religión cristiana a Hispania? ¿En qué medida crees que influyó en el devenir de la historia peninsular?

3 LAS ESPAÑAS

01 ANTES DE LEER

A. Anota las palabras e ideas que recuerdas de la Edad Media.

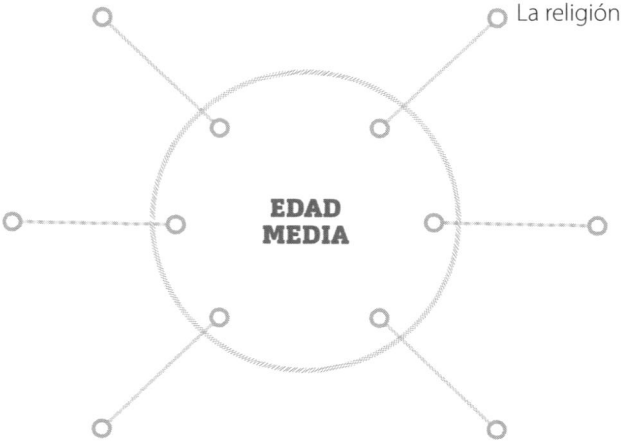

La religión

EDAD MEDIA

B. Piensa en **qué ocurría en tu país** durante la Edad Media, entre los siglos v y xv.

02 MIENTRAS LEES

A. Busca esta información en el texto y responde, **¿verdadero o falso?**

	V	F
1. El Camino de Santiago proporcionó a los cristianos un eficaz instrumento frente a la guerra santa islámica.	☐	☐
2. Los reyes francos favorecieron el avance de los musulmanes al norte de los Pirineos.	☐	☐
3. Las órdenes militares españolas fueron las de Calatrava, Alcántara, Santiago y Montesa.	☐	☐
4. La economía del reino castellanoleonés fue fundamentalmente de signo ganadero y la catalana, comercial.	☐	☐
5. El comercio marítimo catalán se regía por el *Libro del Consulado del Mar*.	☐	☐
6. Los reinos medievales hispanos no buscaron la unión política por medio de enlaces matrimoniales.	☐	☐
7. La Reconquista generó sobre todo una economía de guerra.	☐	☐
8. Los gremios regulaban la actividad de los artesanos.	☐	☐
9. El latín perdió uniformidad y distintas lenguas fueron evolucionando. Son las lenguas romances.	☐	☐
10. El mester de juglaría y el mester de clerecía son lo mismo: uno en las ciudades y otro en los pueblos.	☐	☐

B. Relaciona estas palabras.

03 DESPUÉS DE LEER

A. Responde, ¿verdadero o falso?

	V	F
1. El estilo románico fue el arte de la sociedad feudal y rural.	☐	☐
2. La catedral de Santiago de Compostela es el gran templo del románico español.	☐	☐
3. El estilo gótico fue el arte de la burguesía.	☐	☐
4. En la arquitectura gótica predominan las formas aéreas y la verticalidad.	☐	☐
5. El plateresco es el más severo de los subestilos góticos.	☐	☐
6. En Cataluña hay numerosos testimonios de gótico civil.	☐	☐
7. La escultura gótica sustituye la inexpresividad de la románica por la expresividad y relaciona, en los grupos, unas figuras con otras.	☐	☐
8. Los primeros testimonios de las lenguas romances proceden de los siglos XI y XII.	☐	☐
9. Los templos románicos son menos frecuentes a medida que se va hacia el sur de España.	☐	☐

B. Completa las frases, siguiendo la información que ya sabes, como tú quieras.

1. La fundación de las universidades comenzó en el siglo _____

2. Los juglares eran artistas _____

3. Los cantares de gesta son _____

4. Gonzalo de Berceo fue el primer _____

5. El *Libro de buen amor* es _____

6. Don Juan Manuel fue el _____

7. Los romances son _____

C. Responde a las preguntas.

1. ¿Cuál fue el origen de los reinos medievales hispánicos?

2. ¿Dónde se creó el mito de Santiago?

3. ¿Qué eran las órdenes militares?

4. ¿Quiénes fueron los mozárabes?

5. ¿Quiénes fueron los mudéjares?

6. ¿Qué eran los fueros?

7. ¿Cuál fue el origen de la España de las tres culturas?

8. ¿Qué fenómenos provocaron el fin de la convivencia pacífica entre cristianos, musulmanes y judíos?

9. ¿Quiénes eran los cristianos viejos y quiénes los nuevos?

10. ¿Cuál fue el primer estilo artístico medieval común a todo el continente europeo?

D. Clasifica estos elementos arquitectónicos según su estilo.

arcos apuntados • arcos de herradura • arcos de medio punto • bóvedas de arista • bóvedas de crucería • cerámica vidriada • rosetón

Románico	Gótico	Mudéjar

04 AMPLÍA

A. Escribe cinco frases. En cada una utiliza tres palabras de las siguientes.

Hispania • visigodos • al-Ándalus • la España de las tres culturas • Escuela de Traductores de Toledo • órdenes militares • burguesía • juglares • cantares de gesta • mester de clerecía • romances • arte románico • pórtico de la Gloria • arte mudéjar • Camino de Santiago • Reconquista

1. _____
2. _____
3. _____
4. _____
5. _____

B. Lee este texto y reflexiona.

El mito en torno al apóstol Santiago fue creado en la corte asturiana con el objeto de oponer a la guerra santa islámica una idea-fuerza similar. El apóstol fue llamado Santiago Matamoros. El mito reforzó la solidaridad entre los cristianos hispanos, fortaleció la conciencia de la unidad moral de Hispania y alentó la aspiración de los reyes asturleoneses al título imperial y la de la sede de Santiago de Compostela a la supremacía entre las hispanas.

En el siglo IX se reavivó la antigua creencia en la predicación del apóstol en Hispania. Su tumba, según la leyenda, se localizó gracias a unas estrellas —Campus Stellae: Compostela— en Galicia. La supuesta tumba del apóstol se convirtió, junto con Jerusalén y Roma, en un importante centro de las peregrinaciones medievales. Entre los caminos que los peregrinos recorrían, y recorren, hasta llegar a Santiago de Compostela, el francés o ruta jacobea era y es el más conocido y transitado. Comenzaba con cuatro variantes que atravesaban los Pirineos por Roncesvalles y Somport y convergían en Puente la Reina. Por el Camino de Santiago penetraron en España el arte románico —en 1075 comenzó la construcción de la catedral santiaguesa—, la lírica provenzal, la reforma cluniacense y grupos de burgueses, muchos de los cuales se instalaron en España y dinamizaron las actividades artesanales y comerciales. Estos factores estrecharon los vínculos de España con la cristiandad occidental y la mantuvieron unida a la cultura europea, contrarrestando así la intensa influencia árabo-musulmana procedente de al-Ándalus.

C. Observa la imagen y **escribe un texto** en el que estén las siguientes palabras.

Camino de Santiago • Peregrino • Románico

```
........................................................................................................................
........................................................................................................................
........................................................................................................................
........................................................................................................................
........................................................................................................................
........................................................................................................................
........................................................................................................................
........................................................................................................................
```

D. Elige uno de estos temas y **prepara una presentación**.
Tienes que hablar durante 2 minutos. Prepara antes lo que vas a decir.

1. Busca información sobre la lengua vasca y redacta un breve comentario.

2. Busca información sobre el Camino de Santiago. ¿Te gustaría recorrerlo? ¿Por qué?

3. Resume las características fundamentales de los estilos artísticos prerrománicos.

4. ¿Por qué se dice que el mudéjar es un estilo artístico exclusivamente español?

4 EL RENACIMIENTO

01 ANTES DE LEER

A. Anota las palabras e ideas que recuerdas del Renacimiento.

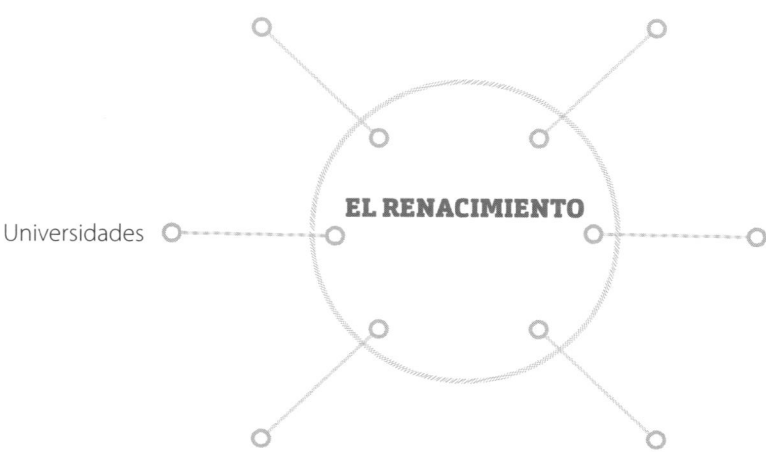

Universidades

EL RENACIMIENTO

B. Piensa en **qué ocurría en tu país** durante el Renacimiento, entre los siglos xv y xvi.

02 MIENTRAS LEES

A. Busca esta información en el texto y responde, ¿**verdadero o falso**?

	V	F
1. La doctrina del tiranicidio fue llevada a sus últimas consecuencias por Juan de Mariana.	☐	☐
2. El oro y la plata americanos beneficiaron a la economía española.	☐	☐
3. Los arbitristas se interesaron sobre todo por cuestiones teológicas.	☐	☐
4. La monarquía española no necesitó recurrir a la banca extranjera para llevar a cabo su política imperial.	☐	☐
5. A los nobles e hidalgos les estaban prohibidos los trabajos manuales y el comercio.	☐	☐
6. En la época de la conquista y colonización de América todavía no existía la economía científica.	☐	☐
7. Los mercantilistas proponían la intervención del Estado en la actividad económica.	☐	☐
8. España fue el brazo armado de la Contrarreforma.	☐	☐
9. *La Celestina* es una obra literaria entre dramática y novelesca.	☐	☐
10. En las crónicas de Indias destaca el interés antropológico sobre el literario.	☐	☐

B. Relaciona estas palabras.

1. Unión dinástica
2. Concordia
3. Soberano
4. Hegemónico
5. Anexión
6. Navegante
7. Desembarcar
8. Descubrir

a. conquista
b. encontrar
c. llegar por el mar
d. marinero
e. más poderoso
f. matrimonio
g. pacto, acuerdo
h. rey

03 DESPUÉS DE LEER

A. Responde, **¿verdadero o falso?**

	V	F
1. Los reinos hispánicos medievales formaban una unión confederal que desapareció con los Reyes Católicos y pasaron a formar un único país.	☐	☐
2. El Tribunal de la Santa Inquisición solo actuó en algunos reinos.	☐	☐
3. La Inquisición llegó también a América.	☐	☐
4. Los moriscos eran, en la Edad Media, los mozárabes.	☐	☐
5. Los gitanos vivían en España desde la época del Imperio romano.	☐	☐
6. Juana, la hija y heredera de los Reyes Católicos, vivió encerrada en un convento por orden de su padre.	☐	☐
7. A América se la llamó *las Indias*.	☐	☐
8. Fray Bartolomé de Las Casas persiguió a los indios para cristianizarlos.	☐	☐
9. El español es la primera lengua moderna en tener una gramática escrita.	☐	☐
10. En el Renacimiento se seguían las ideas estéticas de Grecia y Roma clásicas.	☐	☐

B. Completa las frases, siguiendo la información que ya sabes, como tú quieras.

1. La unión dinástica de los reinos de Aragón y Castilla _____

2. El apoyo de los reyes a los planes de Colón _____

3. Tras siglos de convivencia entre las tres religiones _____

4. Carlos I fue _____

5. *La Celestina* es una obra literaria _____

6. En la colonización de América, los españoles aplicaron el sistema medieval de la encomienda _____

7. Miguel de Cervantes Saavedra _____

8. La Universidad de Salamanca fue _____

C. Responde a las preguntas.

1. ¿Qué es el confederalismo español del Renacimiento?

2. ¿Cuál fue el origen del Imperio español?

3. ¿Qué era el Tribunal de la Santa Inquisición?

4. ¿Cómo actuó la Iglesia Católica en América?

5. ¿Qué es la picaresca?

6. ¿Qué tres hechos importantes ocurrieron en 1492?

7. ¿Qué es la Contrarreforma?

8. ¿Quiénes eran los ascéticos?

D. Clasifica estos conceptos.

Bartolomé de Las Casas • colonización • descubrimiento • encomienda • la expulsión de los judíos • las Indias • los comuneros • los criollos • metrópoli • monarquía confederal • Nuevo Mundo • subida de los precios • unión dinástica

España	América

04 AMPLÍA

A. Escribe cinco frases. En cada una utiliza tres palabras de las siguientes.

unión dinástica • Nebrija • místicos y ascéticos • Reforma • picaresca • plateresco • confederalismo • Reyes Católicos • Estado moderno • la ciencia y el pensamiento españoles • expulsión de los judíos • reinos medievales • tres culturas • colonización • Bartolomé de Las Casas • Contrarreforma • Carlos I • Inquisición

1.
2.
3.
4.
5.

B. Lee este texto y reflexiona. Luego, **resume** el contenido.

> Cervantes al principio del Quijote presenta a un personaje individual, don Quijote, que es al mismo tiempo símbolo del sector social de los conversos o descendientes de los conversos. Don Quijote es un hidalgo, es decir, un noble de segunda o tercera categoría. Los hidalgos gozaban del privilegio de estar exentos de impuestos, pero en general llevaban una vida pobre que solían disimular, como se nos cuenta en la novela picaresca El Lazarillo de Tormes.
>
> Como todos los hidalgos, don Quijote añora y rememora el ideal caballeresco, en una época en que ya no tenía vigencia alguna. Don Quijote es por tanto ajeno a su época, de ahí su locura. La lectura de los libros de caballerías le permitía evadirse a otros mundos, como el que hoy día lee, por ejemplo, literatura fantástica.
>
> El Quijote es muchas cosas a la vez, una novela de aventuras, satírica, cómica… En sus páginas están reflejadas las corrientes del pensamiento de la época, costumbres, problemas e ideales. Es, desde luego, una crónica en clave de la sociedad de la España imperial.

C. Observa la imagen y **escribe un texto** en el que estén las siguientes palabras.

Humanismo • Cervantes • Universidad • Nebrija

D. Elige uno de estos temas y **prepara una presentación**.
Tienes que hablar durante 2 minutos. Prepara antes lo que vas a decir.

1. ¿Impusieron los españoles en América un sistema de esclavitud?

2. ¿Qué fue el humanismo?

3. ¿Respondía la literatura ascético-mística al espíritu de la época?

4. Resume el argumento de *Don Quijote de la Mancha*. Comenta el significado de Cervantes en las letras españolas.

5. Describe el Monasterio de El Escorial y resume los rasgos distintivos del clasicismo artístico.

6. Explica la relación entre los conceptos *reinos hispánicos medievales* y *las Españas*.

5 EL BARROCO

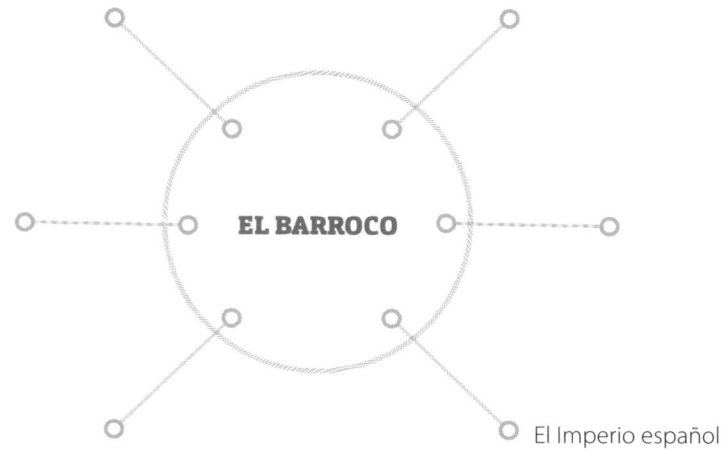

01 ANTES DE LEER

A. Anota las palabras e ideas que recuerdas del Barroco.

EL BARROCO

○ El Imperio español

B. Piensa en **qué ocurría en tu país** durante el Barroco, en el siglo XVII.

02 MIENTRAS LEES

A. Busca esta información en el texto y responde, **¿verdadero o falso?**

	V	F
1. El conde-duque de Olivares propuso ampliar la autonomía económica y político-administrativa de los distintos reinos de España.	☐	☐
2. Entonces *ser católico* no significaba *ser español*.	☐	☐
3. Las monarquías absolutistas y nacionales acabaron con el ideal medieval del Imperio cristiano bajo la supremacía del papa y del emperador.	☐	☐
4. La crisis barroca fue al mismo tiempo religiosa, política, social y económica.	☐	☐
5. Ante la crisis, los españoles no se dejaron llevar por el pesimismo.	☐	☐
6. La mayoría de los moriscos se instalaron en el Nuevo Mundo tras su expulsión de España.	☐	☐
7. El americanismo de los criollos incluía a indios y mestizos.	☐	☐
8. La hostilidad contra los moriscos se extendió también a los gitanos.	☐	☐
9. A su poder espiritual en América, la Iglesia católica añadió el económico.	☐	☐
10. El teatro tuvo un enorme éxito en el siglo barroco.	☐	☐

B. Relaciona para formar expresiones.

1. El arte de
2. Monarquía
3. Los Siglos
4. Quiebra
5. Llevarse
6. Abusos de
7. Suspensión
8. Sopa

a. a efecto
b. absolutista
c. boba
d. de Oro
e. de pagos
f. del confederalismo
g. la apariencia
h. los colonos

ÉPOCAS DE ESPAÑA CUADERNO DE ACTIVIDADES | UNIDAD 05 | EL BARROCO

03 DESPUÉS DE LEER

A. Responde, **¿verdadero o falso?**

	V	F
1. Se firmó también una orden de expulsión de los gitanos.	☐	☐
2. Gracias al oro y la plata de América, la economía española mejoró.	☐	☐
3. Los criollos eran hijos o nietos de españoles.	☐	☐
4. Los tácitos consideraban que es imposible la ética y la política juntas.	☐	☐
5. El tema principal del teatro de Calderón es las apariencias y la vida relajada.	☐	☐
6. El mérito de Lope de Vega es haber dado continuidad a las formas de teatro clásicas.	☐	☐
7. Velázquez es un gran pintor del siglo XVII, pero su estilo es muy diferente al de los pintores barrocos.	☐	☐
8. Los escultores barrocos crearon principalmente bustos de personajes importantes, aunque hubo también algunas esculturas de carácter religioso.	☐	☐
9. El arte en Hispanoamérica siguió la pauta europea.	☐	☐
10. La pintura barroca americana tiene tanta calidad como la española.	☐	☐

B. Completa las frases, siguiendo la información que ya sabes, como tú quieras.

1. El Barroco es un arte _____

2. Los arquitectos barrocos añadieron al clasicismo _____

3. La exuberancia decorativa del churrigueresco _____

4. La zarzuela es la forma tradicional del _____

5. Los españoles llevaron a América _____

6. Los españoles diseñaron las ciudades del Nuevo Mundo según _____

7. La pintura barroca española es _____

8. Los temas más habituales tratados por los pintores barrocos son _____

9. La pintura de Diego de Velázquez es naturalista _____

C. Responde a las preguntas.

1. ¿Cómo reaccionaron los españoles ante el pesimismo y el desengaño generados por la crisis?

2. ¿Cómo percibía la vida la sociedad barroca?

3. ¿Qué fueron el conceptismo y el culteranismo?

4. ¿Cuáles son los rasgos fundamentales del teatro de Lope de Vega?

5. ¿Qué es una tragicomedia?

6. ¿Crees que *Fuenteovejuna* tiene significado o sentido político?

7. ¿Quién fue el creador del personaje de don Juan?

8. ¿Influyó en los antimaquiavelistas la moral cristiana?

D. Clasifica estos conceptos.

antimaquiavelistas • autos sacramentales • cariátide • columnas salomónicas • confederalismo • culteranismo • dramas • estados-naciones • expulsión de los moriscos • imágenes en madera policromada • mestizos • tacitismo • tenebrismo • tradición organística • zarzuela

Historia	Pensamiento	Arte	Literatura	Música

04 AMPLÍA

A. Define estos conceptos literarios.

1. Los autos sacramentales: _____

2. La comedia: _____

3. La novela picaresca: _____

4. El pícaro: _____

B. Lee este texto y reflexiona. Luego, **resume** el contenido.

> A la ruina y a las deficiencias estructurales de la economía heredadas de la centuria anterior (aduanas interiores, monopolio castellano en el comercio con las colonias americanas, etc.) se añadieron otros factores negativos (apoyo excesivo a la ganadería trashumante o mesta, aumento de los latifundios, expulsión de los moriscos), de manera que las crisis económicas continuaron e incluso se incrementaron.
>
> La crisis se manifestó también en la demografía: el país perdió 800 000 habitantes a principios del siglo XVII, y la recuperación no empezaría hasta finales de la centuria. El clero y los nobles mantuvieron sus privilegios; los hidalgos ocultaban su pobreza, defendían sus inmunidades fiscales (estaban exentos del pago de impuestos) y buscaban sobre todo la relevancia social: «Iglesia o casa real o mar». Los burgueses aspiraban a gozar de los mismos derechos que los hidalgos. Innumerables mendigos, marginados y desheredados sobrevivían a costa de la caridad pública y de la sopa boba, alimento gratuito distribuido por iglesias y conventos. El número de religiosos aumentó de forma alarmante: muchos pobres encontraron en el seno de la Iglesia la seguridad que se les negaba fuera de ella.
>
> En el orden internacional, la monarquía española se enfrentó a la Europa protestante y de los Estados nacionales en defensa de los viejos valores encarnados por el papado, el imperio y la ortodoxia. España perdió en ese empeño gran parte de sus dominios en Europa, algunas colonias en América y la supremacía militar y política.

C. Observa la imagen y **escribe un texto** en el que estén las siguientes palabras.

Valido • Quiebra del confederalismo • Independencia de Portugal • Crisis económica

D. Elige uno de estos temas y **prepara una presentación**.
Tienes que hablar durante 2 minutos. Prepara antes lo que vas a decir.

1. El concepto español sobre el honor y la honra.

2. Las causas de la crisis de la época barroca.

3. Las consecuencias de la colonización de América.

4. Los factores que decidieron la expulsión de los moriscos.

5. La picaresca como reflejo de la crítica social.

6 LA ILUSTRACIÓN

01 ANTES DE LEER

A. Anota las palabras e ideas que recuerdas de la Ilustración.

Goya

LA ILUSTRACIÓN

B. Piensa en **qué ocurría en tu país** durante la Ilustración, en el siglo XVIII.

02 MIENTRAS LEES

A. Busca esta información en el texto y responde, **¿verdadero o falso?**

	V	F
1. La Ilustración se caracteriza por el predominio de la razón.	☐	☐
2. Se llamó *afrancesados* a los inmigrantes de Francia.	☐	☐
3. Los reformistas ilustrados se interesaron sobre todo por las cuestiones educativas y docentes.	☐	☐
4. Los reformistas ilustrados utilizaron la literatura como instrumento educativo.	☐	☐
5. Los reformistas ilustrados apenas cultivaron el género ensayístico.	☐	☐
6. El didactismo culminó en el género de las fábulas, de las que se desprende siempre una enseñanza o moraleja.	☐	☐
7. En el teatro no se aplicaron las reglas clásicas de las tres unidades de espacio, lugar y tiempo.	☐	☐
8. Los comediógrafos trataron asuntos cotidianos de la sociedad burguesa de la época. Huyeron de cualquier tipo de denuncia o de temas inquietantes.	☐	☐
9. Madrid se convirtió en una gran ciudad europea con la nueva dinastía de los Borbones, sobre todo durante el reinado de Carlos III (1759-1788).	☐	☐
10. Rasgo fundamental de la arquitectura neoclásica es la exuberancia decorativa.	☐	☐

B. Relaciona para formar expresiones.

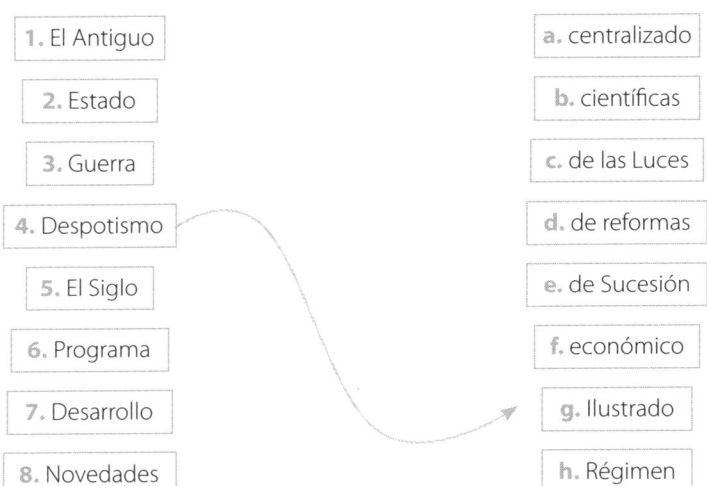

1. El Antiguo
2. Estado
3. Guerra
4. Despotismo
5. El Siglo
6. Programa
7. Desarrollo
8. Novedades

a. centralizado
b. científicas
c. de las Luces
d. de reformas
e. de Sucesión
f. económico
g. Ilustrado
h. Régimen

03 DESPUÉS DE LEER

A. Responde, ¿verdadero o falso?

	V	F
1. Sinapia fue una ciudad construida por los reformistas.	☐	☐
2. Los ilustrados españoles eran todos anticlericales.	☐	☐
3. La imagen de España en el extranjero era la de un país retrasado.	☐	☐
4. Goya es un pintor de difícil clasificación.	☐	☐
5. En Cataluña no se podía hablar catalán.	☐	☐
6. Carlos III fue el gran reformista ilustrado español.	☐	☐
7. La Ilustración no tuvo repercusión en las colonias americanas.	☐	☐
8. El gran género literario del siglo XVIII es la poesía.	☐	☐
9. Los artistas ilustrados crearon imágenes religiosas en madera policromada.	☐	☐
10. Moratín fue un escritor ilustrado.	☐	☐

B. Completa las frases, siguiendo la información que ya sabes, como tú quieras.

1. La guerra de Sucesión terminó a favor de _____

2. Felipe V impuso _____

3. Todo para el pueblo, pero _____

4. Los proyectistas denunciaron _____

5. Las reformas favorecieron el _____

6. Los ilustrados creían que no es posible el desarrollo económico _____

7. Los novatores eran seguidores de _____

8. Los ideales ilustrados llegaron a América _____

9. Los escritores ilustrados utilizaron la literatura _____

10. El Neoclasicismo es un estilo artístico _____

C. Responde a las preguntas.

1. ¿Cuáles fueron los factores desencadenantes de la guerra de Sucesión española?

2. ¿Qué razones movieron a los súbditos de la Corona de Aragón a apoyar al candidato austriaco al trono de España?

3. ¿Por qué temían las potencias europeas el acuerdo entre España y Francia?

4. ¿Qué fue el Despotismo Ilustrado?

5. ¿Qué supuso para Cataluña la imposición de los Decretos de Nueva Planta?

6. ¿Cuáles eran para los ilustrados los instrumentos básicos para el progreso social?

7. ¿Fueron muy numerosos los reformistas ilustrados o fueron solo una minoría? ¿Cuál era su origen social?

8. ¿Qué sectores sociales colaboraron para poner en práctica el programa de reformas?

9. ¿Cuál fue y en qué consistía la teoría económica que inspiró el plan de reformas de los ilustrados?

10. ¿Eran los reformistas ilustrados de ideología liberal o totalitaria?

D. Clasifica estos conceptos.

alto clero • Antiguo Régimen • aristocracia • burguesía • Despotismo Ilustrado • Estado moderno • leyes medievales • liberalismo • reformistas • Revolución francesa

A favor de la Ilustración	Contrario a la Ilustración

04 AMPLÍA

A. Define estos conceptos.

1. Despotismo Ilustrado: _____
_____

2. Siglo de las Luces: _____
_____

B. Lee este texto y reflexiona. Luego, **resume** el contenido.

> Los Borbones llamaron a su Corte a numerosos artistas franceses e italianos, lo que significó la ruptura con la tradición barroca local y el nacimiento del nuevo estilo del Neoclasicismo, que, como el clasicismo renacentista, recuperó la estética de la Antigüedad grecorromana y el principio de la armonía del conjunto con sus partes.
>
> La simplicidad de formas del Neoclasicismo fue el medio idóneo para la expresión del afán de claridad de los ilustrados, de su concepción científica y sintética del mundo, que rechazaba las mezclas y las fusiones, lo exagerado, irracional e inarmónico. Así, los ideales de orden, proporción y equilibrio se impusieron.
>
> El neoclásico se mantuvo como estilo dominante hasta mediados del siglo XIX. Su difusión fue promovida por la Academia de Bellas Artes de San Fernando, fundada en 1744, donde se formaban técnicos y artistas que ampliaban sus estudios en Roma, ciudad en la que podían contemplar directamente las obras antiguas.
>
> La arquitectura neoclásica es adintelada, carente de elementos superfluos, con predominio de las líneas rectas sobre las curvas, espacios interiores unificados y diáfanos, muros exteriores exentos de ornamentación, columnas dóricas, frontones con estatuas, cúpulas romanas y fachadas que imitan las de los templos griegos.
>
> Gran personalidad del Neoclasicismo español fue Juan de Villanueva (1739-1811), arquitecto cuya obra más conocida es el Museo del Prado, edificio de piedra y ladrillo, con fachada principal dividida en dos niveles: el primero decorado con nichos con esculturas y el segundo sostenido por una hilera de columnas jónicas. La portada principal, de seis columnas, imita la de un templo clásico.

_____
_____
_____
_____

C. Observa la imagen y **escribe un texto** en el que estén las siguientes palabras.

Clasicismo • Educación • Despotismo Ilustrado • Reformismo

_____
_____
_____
_____
_____
_____

D. Elige uno de estos temas y **prepara una presentación**.
Tienes que hablar durante 2 minutos. Prepara antes lo que vas a decir.

1. Las dos Españas.

2. El origen del sentimiento independentista en Hispanoamérica.

3. Semejanzas y diferencias entre el arte clasicista y el Neoclasicismo.

4. El teatro neoclásico.

5. Las pinturas negras de Goya.

7 EL ROMANTICISMO

01 ANTES DE LEER

A. Anota las palabras e ideas que recuerdas del Romanticismo.

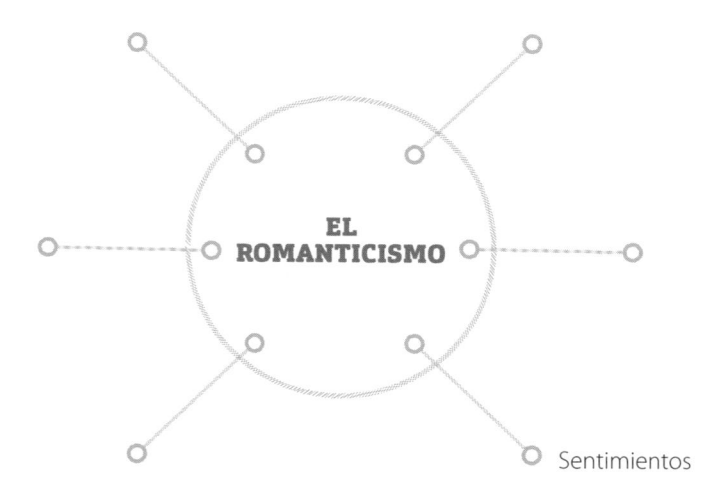

EL ROMANTICISMO

Sentimientos

B. Piensa en **qué ocurría en tu país** durante el Romanticismo, primera mitad del siglo XIX.

02 MIENTRAS LEES

A. Busca esta información en el texto y responde, **¿verdadero o falso?**

	V	F
1. La guerra de la Independencia empezó el 2 de mayo de 1808.	☐	☐
2. Fue una guerra de España y Francia contra Inglaterra.	☐	☐
3. A la Constitución de Cádiz se la llamó *La Pepa*.	☐	☐
4. La Constitución de Cádiz excluía como ciudadanos españoles a los originarios de las colonias americanas y filipinas.	☐	☐
5. Fernando VII fue un rey absolutista.	☐	☐
6. Las desamortizaciones tuvieron efectos muy positivos.	☐	☐
7. La ocupación francesa y la guerra de la Independencia estimularon los ideales secesionistas americanos.	☐	☐
8. El Romanticismo literario solo se expresó en la poesía.	☐	☐
9. Bécquer fue un poeta romántico español.	☐	☐
10. El urbanismo romántico produjo grandes cambios en Barcelona.	☐	☐

B. Relaciona para formar expresiones.

1. La Revolución
2. Guerra
3. Crisis
4. Levantamiento
5. Cortes
6. Ocupación
7. Restauración
8. Guerras

a. carlistas
b. de Cádiz
c. de la Independencia
d. del absolutismo
e. francesa
f. industrial
g. política
h. popular

03 DESPUÉS DE LEER

A. Responde, **¿verdadero o falso?**

	V	F
1. Napoleón nombró rey a su hermano.	☐	☐
2. La guerra de la Independencia fue una lucha popular.	☐	☐
3. La Constitución de Cádiz definía España como un país laico.	☐	☐
4. En ella se abolía la Inquisición.	☐	☐
5. Fernando VII era profundamente liberal.	☐	☐
6. La ley sálica excluía a las mujeres del trono.	☐	☐
7. La independencia de las colonias se originó por revoluciones de los indígenas.	☐	☐
8. El socialismo utópico tenía sus orígenes en la Ilustración.	☐	☐
9. El Romanticismo trata exclusivamente sobre el amor.	☐	☐
10. Ya no se hacen representaciones de *Don Juan Tenorio*.	☐	☐

B. Completa las frases, siguiendo la información que ya sabes, como tú quieras.

1. La guerra de la Independencia fue _____

2. Napoleón impuso a su hermano _____

3. Cuando Fernando VII volvió del exilio, _____

4. La ley sálica prohibía _____

5. Las desamortizaciones eran _____

6. Los románticos reaccionaron contra _____

7. El Grito de Dolores fue _____

8. San Martín y Bolívar fueron _____

C. Responde a las preguntas.

1. ¿Cuáles fueron para España las consecuencias de la derrota en la batalla de Trafalgar?

2. ¿Quiénes eran los josefinos? ¿Qué tesis defendían?

3. ¿Cuáles fueron las ideologías que se enfrentaron en las Cortes de Cádiz?

4. ¿Cuáles fueron los principios programáticos consagrados por la Constitución de 1812?

5. ¿Dónde tomó el término *liberal* significado político?

6. ¿Consagró la Constitución de 1812 los términos de *Estado* y *Nación*?

7. ¿Cómo se solía llamar a la entidad política española antes de las Cortes de Cádiz?

8. ¿Con la Constitución de 1812 dejaron los españoles de ser súbditos para convertirse en ciudadanos?

9. ¿Por qué llamaron *Pepa* a la Constitución?

D. Relaciona estos conceptos.

1. Norma suprema
2. Rebelión popular
3. «Vivan las cadenas»
4. Ley sálica
5. Golpe de Estado
6. Carlistas
7. Isabelinos

a. 2 de mayo de 1808
b. absolutistas
c. Constitución
d. exclusión de las mujeres al trono de España
e. Cien mil hijos de San Luis
f. Fernando VII
g. liberales moderados

04 AMPLÍA

A. Define estos conceptos.

1. Romanticismo:

2. Liberalismo:

B. Lee este texto y reflexiona. Luego, **resume** el contenido.

> La guerra de la Independencia (1808-1814), guerra de liberación nacional y conflicto social al mismo tiempo, dio comienzo con el levantamiento popular del 2 de mayo de 1808 contra las tropas invasoras de Napoleón. Generó una intensa oleada de exaltación patriótica y nacionalista. La Constitución de 1812 señaló en su artículo 6 que «el amor de la patria es una de las principales obligaciones de todos los españoles».
>
> Tras el secuestro de la familia real por Napoleón, el pueblo español se organizó en Juntas, y sus representantes en las Cortes de Cádiz, única ciudad española no ocupada por los franceses, llevaron a cabo una intensa labor legislativa que culminó con la promulgación de la Constitución de 1812, inspirada en la de los revolucionarios franceses. La Constitución desmontó las viejas estructuras del Antiguo Régimen —absolutismo político, Inquisición, Mesta, gremios, mayorazgos, señoríos jurisdiccionales, etc.— y trató de sustituir la sociedad estamental (nobleza, clero y pueblo llano) por la de clases, es decir, organizada según la capacidad económica de los ciudadanos, supuestamente resultado del esfuerzo personal. Se proclamó que el trabajo, la propiedad y la economía debían ser libres.

C. Observa la imagen y **escribe un texto** en el que estén las siguientes palabras.

Zorrilla • Teatro • Éxito • Castigo

D. Elige uno de estos temas y **prepara una presentación**.
Tienes que hablar durante 2 minutos. Prepara antes lo que vas a decir.

1. Las desamortizaciones, sus objetivos y resultados prácticos.

2. Los factores que fomentaron los ideales independentistas de las colonias americanas.

3. El socialismo utópico.

4. Señala los rasgos definitorios del teatro romántico. ¿Qué es el sino?

8 LA RESTAURACIÓN

01 ANTES DE LEER

A. Anota las palabras e ideas que recuerdas de la Restauración.

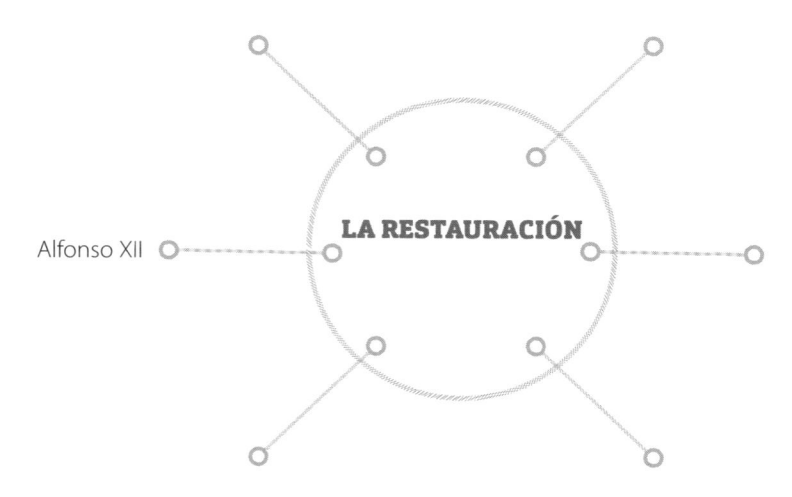

LA RESTAURACIÓN

Alfonso XII

B. Piensa en **qué ocurría en tu país** durante la segunda mitad del siglo XIX.

02 MIENTRAS LEES

A. Busca esta información en el texto y responde, **¿verdadero o falso?**

	V	F
1. La rotación de partidos no necesitó de su acuerdo previo.	☐	☐
2. El doctrinarismo fue la base ideológica del régimen bipartidista.	☐	☐
3. Los Gobiernos de la Restauración restauraron el sistema jurídico, institucional y político anterior a los Decretos de Nueva Planta.	☐	☐
4. En la génesis de los nacionalismos periféricos influyó la vuelta de un rey Borbón.	☐	☐
5. Desde comienzos de la época isabelina España ya no conservaba ningún territorio de su antiguo imperio.	☐	☐
6. El Protectorado en Marruecos tuvo un alto coste en recursos humanos y económicos.	☐	☐
7. Entre finales del siglo XIX y comienzos del XX España sufrió una intensa crisis.	☐	☐
8. El paro campesino y las pésimas condiciones de vida de los obreros industriales alentaron el auge del movimiento obrero.	☐	☐
9. Las desamortizaciones incrementaron el latifundismo.	☐	☐
10. Las crisis movieron a algunos a proponer medidas radicales para acabar con ella.	☐	☐

B. Relaciona para formar expresiones.

1. El auge
2. El regreso de
3. Un golpe
4. La alternancia
5. La monarquía
6. El derecho
7. Protectorado
8. La inestabilidad

a. a la autodeterminación
b. de Estado
c. de los nacionalismos
d. de Marruecos
e. los Borbones
f. parlamentaria
g. política
h. social

03 DESPUÉS DE LEER

A. Responde, **¿verdadero o falso?**

	V	F
1. Alfonso XII fue nombrado rey tras un golpe de Estado.	☐	☐
2. Tenían derecho a voto todas las personas mayores de 21 años.	☐	☐
3. El sistema bipartidista creó una democracia corrompida.	☐	☐
4. España perdió sus últimas colonias americanas en 1898.	☐	☐
5. Primo de Rivera era un político que llegó al poder tras unas elecciones.	☐	☐
6. La Institución Libre de Enseñanza fue una renovación en las propuestas pedagógicas.	☐	☐
7. Durante la Restauración, sin embargo, la investigación científica no avanzó.	☐	☐
8. Santiago Ramón y Cajal fue nombrado Nobel de Medicina.	☐	☐
9. Benito Pérez Galdós fue un escritor realista.	☐	☐
10. Gaudí es el mayor representante del modernismo en arquitectura.	☐	☐

B. Completa las frases, siguiendo la información que ya sabes, como tú quieras.

1. Entre finales del siglo xix y principios del xx Europa vivió un periodo _____

2. El general Martínez Campos dio un golpe de Estado _____

3. La rotación de ambos partidos necesitó _____

4. En la génesis de los nacionalismos _____

5. El paro campesino y las pésimas condiciones de los obreros _____

6. El krausismo fue _____

7. A pesar del alto nivel científico de la época, _____

8. El grupo del 98 lo formaron _____

C. Responde a las preguntas.

1. ¿Qué es la Restauración?

2. ¿En qué consistió el turno rotatorio de partidos en el poder? ¿Qué partidos?

3. ¿Qué era el sufragio universal para Cánovas del Castillo?

4. ¿Qué era el doctrinarismo?

5. ¿Qué papel desempeñó la oligarquía en la Restauración?

6. ¿Qué relación hay entre nacionalismos periféricos y los antiguos reinos hispánicos?

7. ¿Cuáles fueron las demandas más frecuentes de los nacionalistas?

8. ¿Exigían los nacionalistas el derecho a la autodeterminación?

9. ¿Qué papel desempeñaron las lenguas autóctonas regionales en la emergencia de los nacionalismos?

10. ¿Qué grupo literario identificó Castilla con España?

D. Escribe el contrario.

1. Libertad /
2. Restablecer /
3. Último /
4. Pésimo /
5. Alabar /
6. Inconsciente /
7. Vanguardia /
8. Fértil /

04 AMPLÍA

A. Define estos conceptos.

1. Esperpento: _____
_____

2. Intrahistoria: _____
_____

B. Lee este texto y reflexiona. Luego, **resume** el contenido.

> Los miembros de la Generación del 98 se distinguieron por sus ideales regeneracionistas, por su común visión de los problemas de la España de la época y por su liderazgo intelectual. Como los ilustrados del siglo XVIII, se sirvieron del género ensayístico para transmitir su pensamiento. Propugnaban la europeización de España, sometieron a revisión los valores del positivismo burgués y denunciaron la realidad sociopolítica de la España de la Restauración. Compartieron también un sentido trascendente y ético de la vida. En su afán por desentrañar y definir la esencia de España, se interesaron por su cultura, por sus pueblos, costumbres y paisajes. Identificaron Castilla con la esencia del país. Mitificaron a Séneca, don Quijote y el Cid y los elevaron a la categoría de símbolos de los valores patrios. Abordaron la comprensión del pasado español a partir del supuesto de que España es una tarea inacabada que es preciso completar.
>
> A partir del primer tercio del siglo XIX experimentan un auge notable los estudios científico-experimentales. Gran personalidad de la época fue Santiago Ramón y Cajal, médico y biólogo, investigador del sistema nervioso y creador de la Escuela Española de Histología, que abordó los problemas científicos a través del evolucionismo. Ramón y Cajal obtuvo el Nobel de Medicina en 1906.
>
> Institucionistas y regeneracionistas crearon un estado de opinión favorable a la investigación científica. En 1907 se fundó la Junta para la Ampliación de Estudios e Investigaciones Científicas, que canalizó los contactos de la ciencia española con la internacional.

C. Observa la imagen y **escribe un texto** en el que estén las siguientes palabras.

Gaudí • Modernismo • Obra inacabada

D. Elige uno de estos temas y **prepara una presentación**.
Tienes que hablar durante 2 minutos. Prepara antes lo que vas a decir.

1. La situación política y social de España a comienzos del siglo xx. ¿Qué significa *España sin pulso*?

2. Describe la edad de plata de la cultura española. Busca información sobre sus integrantes.

3. Señala los rasgos fundamentales del realismo, naturalismo y modernismo.

4. Analiza los rasgos diferenciales entre modernismo y Generación del 98.

5. Señala los aspectos o rasgos comunes a la Generación del 98 y a la Novecentista.

9 LA GUERRA Y LA DICTADURA

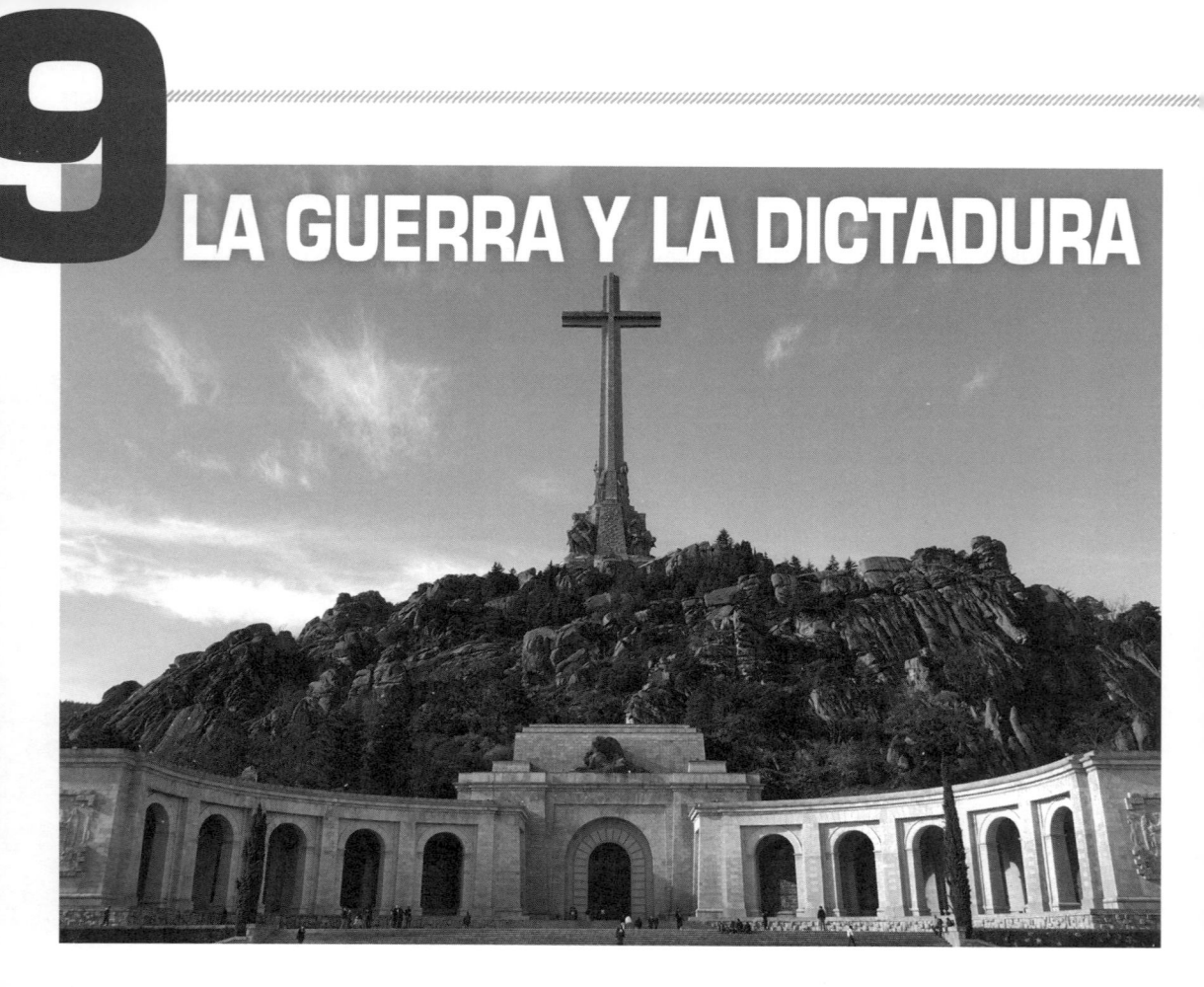

01 ANTES DE LEER

A. Anota las palabras e ideas que recuerdas de la guerra y la dictadura.

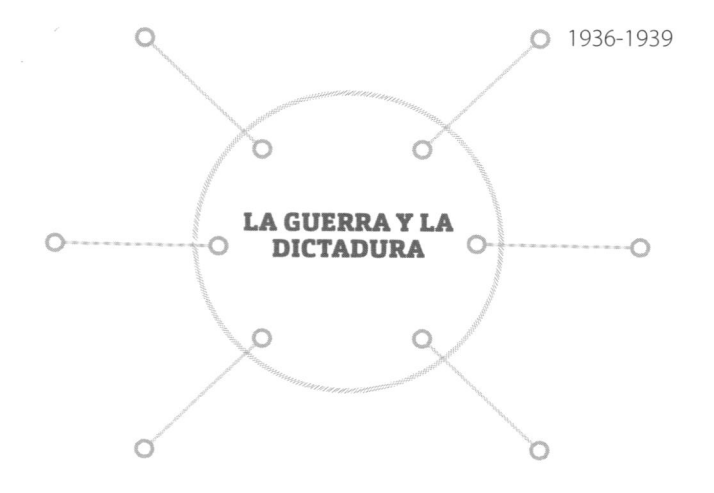

LA GUERRA Y LA DICTADURA

1936-1939

B. Piensa en **qué ocurría en tu país** durante el siglo xx.

02 MIENTRAS LEES

A. Busca esta información en el texto y responde, **¿verdadero o falso?**

	V	F
1. Los obreros y campesinos se opusieron a las reformas de la Segunda República.	☐	☐
2. Nada más terminar la Segunda Guerra Mundial estalló la Guerra Civil española.	☐	☐
3. Soldados nazis alemanes y fascistas italianos y portugueses ayudaron a los sublevados españoles.	☐	☐
4. Las consecuencias de la guerra se superaron rápidamente.	☐	☐
5. La Iglesia católica decidió no participar en el Gobierno de Franco.	☐	☐
6. Durante los primeros años, la dictadura siguió los principios de la Alemania nazi.	☐	☐
7. El desarrollo económico trajo consigo la demanda de mayores libertades.	☐	☐
8. Algunos altos representantes de la Iglesia católica se opusieron al régimen.	☐	☐
9. Hubo muy poca producción literaria durante la dictadura.	☐	☐
10. La democracia volvió cuando subió al poder el rey Juan Carlos I.	☐	☐

B. Relaciona para formar expresiones.

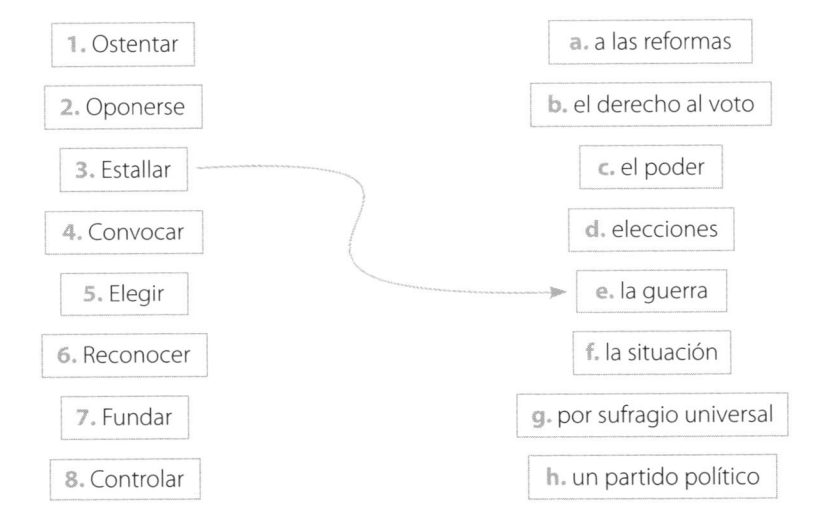

1. Ostentar
2. Oponerse
3. Estallar
4. Convocar
5. Elegir
6. Reconocer
7. Fundar
8. Controlar

a. a las reformas
b. el derecho al voto
c. el poder
d. elecciones
e. la guerra
f. la situación
g. por sufragio universal
h. un partido político

(3 → e)

03 DESPUÉS DE LEER

A. Responde, ¿verdadero o falso?

	V	F
1. Alfonso XII proclamó la Segunda República en 1936.	☐	☐
2. La República dio prioridad a la educación laica y estatal.	☐	☐
3. Los militares organizaron un golpe de Estado.	☐	☐
4. Muchos mercenarios marroquíes participaron en la Guerra Civil en el bando nacional.	☐	☐
5. La guerra terminó en 1939.	☐	☐
6. Más de medio millón de personas murieron a consecuencia de la guerra.	☐	☐
7. Franco fue el vicepresidente del Gobierno durante la dictadura.	☐	☐
8. Casi todos los países mantuvieron sus relaciones diplomáticas con España.	☐	☐
9. En los años 50, Franco aumentó el número de ministros y políticos fascistas.	☐	☐
10. Franco murió en 1975.	☐	☐

B. Completa las frases, siguiendo la información que ya sabes, como tú quieras.

1. La Constitución republicana reconoció _____

2. La República trató de acabar con las viejas estructuras del Estado oligárquico _____

3. La derecha se opuso a las reformas _____

4. Francesc Macià y Lluís Companys proclamaron _____

5. El 18 de julio de 1936 el ejército de África, al mando del general Franco, _____

6. Cuando la Guerra Civil estaba a punto de terminar, _____

7. Los exiliados se dirigieron a _____

8. El 25 % de los exiliados a México lo formaban _____

9. Franco organizó su régimen según los modelos de _____

C. Responde a las preguntas.

1. ¿Rechazó la ONU al régimen franquista?
   ¿Qué circunstancias favorecieron su reconocimiento internacional?

2. ¿Qué poderes se autoatribuyó Franco?

3. ¿Cuál fue el balance de la gestión de la economía por los tecnócratas opusdeístas?

4. ¿Toda la Iglesia apoyó al régimen franquista?

5. ¿Cuáles fueron las demandas del llamado por Franco *Contubernio de Múnich*?

6. ¿El desarrollo económico significó el fin de las demandas sociales de libertad?

7. ¿Pudo la represión terminar con los grupos terroristas?

8. ¿Apoyó el Grupo Tácito al régimen franquista?

9. ¿Hubo censura al pensamiento y a las creaciones durante el régimen franquista?

10. ¿Era la primera vez que se producía en España el exilio por razones ideológicas y religiosas?

D. Escribe el contrario.

1. Dictadura / _____
2. Represión / _____
3. Golpe de Estado / _____
4. Derrota / _____
5. Guerra / _____
6. Clandestino / _____
7. Opositor / _____
8. Solicitar / _____

04 AMPLÍA

A. Define estos conceptos.

1. Realismo social: _____

2. Hiperrealismo: _____

B. Lee este texto y reflexiona. Luego, **resume** el contenido.

> El cardenal Vicente Enrique Tarancón (1907-1994), importante personalidad de la Iglesia española durante el franquismo y la transición democrática, se opuso siempre al nacionalcatolicismo y fue pionero en la denuncia de las injusticias sociales por parte de la jerarquía católica. Tarancón apoyó la instauración de la democracia en España, por lo que fue blanco de las amenazas y críticas de los sectores intransigentes del franquismo.
>
> «No podemos callar. No debemos callar por más tiempo. Llegan hasta Nuestros oídos los clamores de la multitud. Parten Nuestro corazón de Padre las angustias y las estrecheces que sufren Nuestros hijos y un deber ineludible pone la pluma en Nuestras manos.
>
> Quizá no consigamos nada con Nuestras palabras. Quizá los egoísmos y la malicie de los hombres ahoguen Nuestra voz. Pero queremos, cumpliendo con Nuestro deber, que juzgamos sacratísimo, reforzar con Nuestra voz y con Nuestra autoridad el clamor de Nuestros hijos. Queremos decir públicamente que es un caso de conciencia el atender sus peticiones y sus súplicas. Queremos decir que no tan solo la justicia y la caridad cristiana, sino la misma humanidad pide y exige que se atiendan los clamores de los que piden con angustia un pedazo de pan».
>
> (De la introducción de la *Carta Pastoral El pan nuestro de cada día dánosle hoy... y católicos militantes*, de Vicente Enrique y Tarancón, Madrid, Publicaciones HOAC, 1951)

C. Observa la imagen y **escribe un texto** en el que estén las siguientes palabras.

Guerra • Exilio • Víctimas

D. Elige uno de estos temas y **prepara una presentación**.
Tienes que hablar durante 2 minutos. Prepara antes lo que vas a decir.

1. El teatro del exilio no se representó en el extranjero ni en España. En tu opinión, ¿qué razones existieron?

2. Busca información sobre el cuadro *Guernica*, de Picasso. Explica su significado.

3. ¿Sabes qué es el Valle de los Caídos? Allí está enterrado Franco y corresponde a la fotografía introductora de esta unidad. ¿Crees que esta fotografía inspira a todos los españoles los mismos sentimientos?

10 LA TRANSICIÓN DEMOCRÁTICA

01 ANTES DE LEER

A. Anota las palabras e ideas que asocias con la palabra *democracia*.

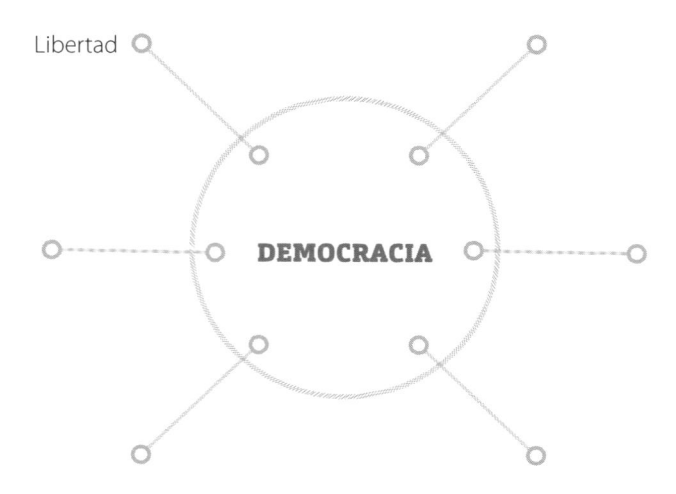

Libertad

DEMOCRACIA

B. Piensa en **qué ha ocurrido en tu país** desde finales del siglo XX hasta hoy.

ÉPOCAS DE ESPAÑA CUADERNO DE ACTIVIDADES | UNIDAD 10 | LA TRANSICIÓN DEMOCRÁTICA

02 MIENTRAS LEES

A. Busca esta información en el texto y responde, **¿verdadero o falso?**

	V	F
1. Se llama *transición* al proceso de cambio de la dictadura a la democracia.	☐	☐
2. Franco inició la transición en los últimos años de su Gobierno.	☐	☐
3. Franco eligió a Juan Carlos I como su sucesor.	☐	☐
4. La reforma política se aprobó por referéndum en 1976.	☐	☐
5. Adolfo Suárez se opuso a la Constitución de 1978.	☐	☐
6. El partido socialista ganó las elecciones en 1982 y Felipe González fue presidente durante casi 14 años.	☐	☐
7. El PP nunca ha ganado unas elecciones de forma democrática.	☐	☐
8. El presidente del Gobierno actual es José Luis Rodríguez Zapatero.	☐	☐
9. Algunos políticos de alguna comunidad autónoma han vuelto a plantear su independencia.	☐	☐
10. Pedro Almodóvar, aunque no es español, es conocido en España.	☐	☐

B. Relaciona para formar expresiones.

1. Transición
2. Primer → h. ministro
3. Acceso
4. Legalización
5. Elecciones
6. Crisis
7. Fuerzas
8. Orden

a. al poder
b. armadas
c. constitucional
d. de partidos políticos
e. democrática
f. económica
g. generales
h. ministro

03 DESPUÉS DE LEER

A. Marca, de los siguientes pares de frases, la que corresponde a la realidad.

1. **a.** El cambio democrático fue dirigido por quienes habían optado por la reforma progresiva.

   b. El cambio democrático fue dirigido por quienes habían optado por la reforma inmediata.

2. **a.** El golpe de Estado del guardia civil Tejero pudo ser neutralizado.

   b. El golpe de Estado del guardia civil Tejero obligó a reformar la Constitución en sentido autoritario.

3. **a.** Las actitudes ante el estado de las comunidades autónomas son varias y complejas.

   b. Existe unanimidad respecto al estado de las comunidades autónomas.

4. **a.** Desde comienzos del siglo XXI los líderes nacionalistas han radicalizado sus demandas soberanistas.

   b. Desde comienzos del siglo XXI los líderes nacionalistas han moderado sus demandas nacionalistas.

B. Completa las frases, siguiendo la información que ya sabes, como tú quieras.

1. La transición democrática comenzó _____

2. El consenso entre las fuerzas políticas facilitó _____

3. La llegada a España del *Guernica* _____

4. El fin de la transición democrática lo marcó _____

5. El Partido Popular se alzó con el triunfo _____

6. El derecho a la autodeteminación es defendido por _____

7. La movida madrileña fue _____

8. El arte posmoderno está influido por _____

9. En los años setenta comenzó Pedro Almodóvar a _____

C. Responde a las preguntas.

1. ¿Cuándo comenzó la transición de la dictadura franquista a la democracia?

2. ¿Cuáles fueron las fuerzas políticas mayoritarias durante la transición?

3. ¿La transición fue facilitada por el consenso entre las fuerzas políticas?

4. ¿Qué régimen político sustituyó a la dictadura franquista?

5. ¿Sobre qué norma suprema se articuló la nueva España democrática?

6. ¿Se llevó a cabo la transición sin problemas?

7. ¿Qué significó la devolución a España del *Guernica* de Picasso?

8. ¿Cuándo se suele decir que terminó la transición?

9. ¿Qué fuerzas se han sucedido desde entonces en el poder? ¿Cuáles son sus respectivas ideologías?

10. ¿Hay actualmente partidos republicanos en España?

D. Clasifica estos conceptos.

Constitución • *Guernica* de Picasso • hiperrealismo • inflación • ley electoral • narrativa • neofigurativismo • novela negra • producto interior bruto • realismo dramático • referéndum • transición democrática

Política	Economía	Arte	Literatura

04 AMPLÍA

A. Define estos conceptos.

1. Derecho a la autodeterminación: _____

2. Cultura posmoderna: _____

3. Democracia: _____

4. Elecciones generales: _____

5. Fuerzas políticas: _____

B. Lee este texto y reflexiona. Luego, resume el contenido.

> *El movimiento sociocultural de la movida se desarrolló entre sectores de la progresía madrileña de los años ochenta, al calor de la recién recuperada libertad. La movida fue una toma de posición ante la vida desde el relativismo, el hedonismo y la frivolidad, y un intento de recuperar la modernidad reprimida por el franquismo. Significó una profunda transformación de los valores y las formas de comportamiento, la desmitificación de lo trascendente y la emergencia de la permisividad sexual y del pasotismo. Fue, así, una contracultura o cultura libertaria que legitimó lo marginal y erradicó los prejuicios. Los posmodernos valoraron sobre todo la cultura de la imagen y elevaron la moda y el diseño a la categoría de señas de identidad de la España democrática.*

C. Observa la imagen y **escribe un texto** en el que estén las siguientes palabras.

Transición • Democracia • Libertad • Constitución

D. Elige uno de estos temas y **prepara una presentación**.
Tienes que hablar durante 2 minutos. Prepara antes lo que vas a decir.

1. ¿Qué quiso decir Franco con su frase: «Todo está atado y bien atado»? ¿Crees que sus palabras se han cumplido?

2. Busca información y describe los dos partidos mayoritarios, el PP y el PSOE.

3. Resume las diversas actitudes sobre las comunidades autónomas.

4. Redacta un breve texto sobre las tendencias en la literatura española contemporánea.

EXTENSIÓN DIGITAL
www.edelsa.es

CONTROLA Y EVALÚA TU APRENDIZAJE

Después de haber leído cada unidad y haber resuelto las actividades correspondientes, ve a…

Zona estudiante — Soluciones de las actividades de este cuaderno